MAR NOCTURNO

Víctor Susín Jiménez

COLECCIÓN ITES

MAR NOCTURNO

© Víctor Susín Jiménez
© Prólogo: Fran Picón
© Corrección: Isabel Caballero
© de esta edición: Olé Libros, 2025

ISBN: 979-13-87620-84-4
Depósito legal: V-2620-2025
Impreso en España

KALOSINI, S. L.
Grupo editorial olélibros
equipo@olelibros.com
www.olelibros.com

a Marta,
y a todas aquellas personas que todavía saben detenerse
a contemplar un mar nocturno

El festín de cien mil olas desnudando,
con sus melancólicos cuchillos,
a destajo el alma

PRÓLOGO

Nos encontramos ante un poemario en el que, ya desde el primer momento, el título provoca el interés del potencial lector, *Mar nocturno*, ese es el nombre que Víctor Susín ha querido poner a este nuevo hijo literario que nos presenta.

El mar nocturno puede ser interpretado como un símbolo de la noche, el misterio y el inconsciente, así como de viajes y transformaciones. La oscuridad del mar nocturno puede representar el desconcierto o la inestabilidad, mientras que la luz de los faros puede ser vista como guía y esperanza.

En la interpretación de los sueños, el mar puede simbolizar la mente inconsciente. El mar puede simbolizar la transformación, la renovación y el nacimiento. La inmensidad del mar puede evocar la vastedad de lo desconocido y la posibilidad de cambios radicales

La oscuridad del mar nocturno puede representar el caos, el misterio y lo desconocido.

La oscuridad puede también evocar la tristeza, la soledad o la introspección.

Estamos, por tanto, ante un poemario en el que la expectativa ya está creada y la sugerencia de su lectura toma forma en lo más profundo de nuestra emoción.

Pero es de ley, antes de hablar de una obra, presentar al autor. Víctor Susín nació en Soria, pero muy tempranamente emigró a Aragón. Lector desde muy joven, curioso siempre de los enigmas de la vida. Comenzó a escribir con veinticinco años y, tras una etapa mística y espiritual, reanudó la escritura, de tal manera que poesía y mística son, para nuestro autor, dos caras de la misma moneda.

Susín trabaja en la actualidad en la Red de Bibliotecas de Zaragoza, es decir, nada en su vida es ajeno a los libros, a la cultura y, especialmente, a la poesía.

Mar nocturno se plantea en un primer instante como la búsqueda de un punto de encuentro, como un armisticio que sea la bandera de una filosofía vital. Un punto de encuentro en el que el mar y sus olas, la luna y su reflejo, los cuerpos y sus pieles, el hombre y sus dioses se miran en un instante eterno, en una efímera eternidad, en la que el tiempo y la edad olvidan sus nombres.

Víctor enfrenta, cara a cara, a la conversación y el silencio, a la palabra y el mutismo; ese silencio que no recuerda el sonido de la voz que agoniza en la boca de lo perdurable.

Quizás en los versos de *Mar nocturno* descubramos una palabra nueva, nacida del caos y del ocaso, una palabra que convierte en cenizas la saeta del tiempo.

Quizás el poeta esté tratando de recordarnos que cada instante que llega es único e irrepetible, que el tiempo no es más que una palabra que perdió su significado en el mismo momento en el que abandonamos el andén de lo importante.

Hay en este poemario una brizna de locura, esa porción de locura tan necesaria para entender la aparente cordura de la vida, lo locura de la bonhomía, una leve pérdida de la razón que, es probable, ayude a encontrar la sabiduría de la propia existencia.

El lenguaje poético de *Mar nocturno* es un lenguaje que roza la sensualidad, el buen gusto estético y de contenido. Susín tiene un respeto absoluto por el lenguaje, por su buen uso, por su cuidado y atención. No importa solo lo que se dice, sino también cómo se dice. La belleza estética no limita en absoluto la potencia del mensaje, la energía que percibe cualquier lector que decida aventurarse a nadar en las aguas nocturnas de un mar de versos cuya resaca emocional es incontenible.

Mar nocturno es un mar que, como el propio poeta nos dice, va más allá, un mar que es tan pleno como inexistente, un mar que puede llegar a ser transfronterizo o, tal vez, sea el *finis mundi.*

En definitiva, potencial lector, en este poemario vamos a encontrar una profunda introspección, una reflexión igualmente intensa sobre el entorno y, de alguna manera, sobre lo que significa ser hombre, sobre cuál es el secreto de ser humano.

Fran Picón

Punto de encuentro

se abre el mar
en el encuentro inesperado de las playas.

en este gran armisticio que firma la tierra,
los ángeles entierran sus huevas,
los hombres beben las nubes a placer,

sacuden sus cuerpos de gloria
como orantes palmeras al ras
del viento

Sueño prolongado

el mar duerme abierta,
secretamente,
en el corazón
breve
de la espuma.

en este lenguaje
nocturno
le entrego mi alma,
atento al paso de la eternidad.

lindas muchachas
se acuestan
en la orgía fácil de su inercia,
y prenden sus labios de paja

en la guía del horizonte,
a través del oriente
que cruza sonámbulo estos versos,
de la corriente principal a la luna.

ningún epitafio anula el paraíso
vulnerable de sus cuerpos,

el hilo a medio hacer
de su mirada. su reclamo
endureciéndose, adueñándose.

aquí descansa toda edad.
cada hombre se convierte en un dios entero,
dios de música,
de feroz música ardiendo

Luz prodigiosa

caigo al viento sin motivo,
en razón de la vida,
y consigo volar
libremente.

soy la conciencia
que en ti desaparece.

en esta luz profunda me condeno,
converso a la ley de tu silencio

MIL PÁJAROS DE ORO

terriblemente azul,
terriblemente piedra al fondo de tus ojos.

amurallas el silencio
de tu boca impronunciable:

has roto la luz en mil pájaros de oro.

(ya no existe camino que pueda volver
al mismo pie con el que pisaste)

DUREZAS

pozo de aire negro,
duro,
el hombre viene a morir
en la carne viva
de tu aliento,

al sueño
estigio donde duermen
las aguas en su osario de cristal.

vencido en esplendor de
rocas,
en su cisne de luz nocturna,
oscuro e impenetrable
como una transparencia de ángeles.

suplicante, decapitado retórico,
cabeza rodante sin
pensamiento,
el hilo partido de una letra,
orante en la Gran Labor

Un tiempo propio

construiré humildemente una palabra nueva,
comenzando a partir del ocaso,
separando las rocas gestadas
y el polvo.

llevaré un diario de truenos y relámpagos
entre las cintas sonoras de alguna tempestad.

le arrebataré las señas al agua profunda,
y allí tal vez algún mar nocturno ría de noche conmigo,
pleno de pájaros en el interior.

le pondré el nombre prestado a una dicha nueva,
o a otro noviembre distinto que
huya,

o gravaré algún fruto que resurja.

quizás vuelva un día el granizo que hubo
bajo las olas...

habrá el mismo tiempo,
los mismos segundos que cuentan entre dos trechos
de una misma ola,
entonces, por tanto,

enteramente en la humildad,
en la palabra nueva,
o en las aguas inciertas, rojas,

que sangran en la amanecida

(o también el mismo reloj en la realidad que se queda)

MAR FÓSFORO

más allá de la velocidad,
del fósforo instantáneo
de los sentidos,
lentos bueyes de conocimiento,
arrastran la yunta de tu palabra.

ángeles primitivos
iluminan las cuevas vacías
de los significados

Al final de esta noche

en el mar duro e instantáneo
de este verso,
soborno al dolor, y le digo:

déjame vivir este día
fosforescente de rosas a la orilla
de tu hora fatal,

déjame mudar las palabras.

pon la libertad que hay en mi sueño
en la mano quieta del silencio.

no permitas que me abrase los párpados
ni que, al final de esta noche,
me ahogue en el porvenir
de sus aguas de piedra

CAUDAL DE LUZ

ya no suenan las gotas estrellándose
contra el mármol inaudito
de las tumbas,

ya no suenan débiles contra los corazones,
como fieras campanas que revienten
el aire.

ni dóciles y flexibles estrellas
resbalan por el rostro,
lo hieren y lo enloquecen de placer.

ni despierta los ojos
el augurio de esta noche
de estío,

donde andamos buenamente perdidos
y quedamos acompañados
después transitoriamente en un caudal de luz
sin hoguera propia.

un día creímos arrancar a Dios del paraíso,
dice la sombra,

huimos de la sed pura,
y así quedamos, en soledad de lobos,
repartiendo la carne societaria a la ley del más fuerte.

hoy, como verás, sueño poco a poco
porque mi locura es sencilla,
y el buen hombre es tan solo el buen hombre.

contemplo un sueño que el mar pronuncia
abruptamente, en una sola gota,
el festín de cien mil olas
desnudando con melancólicos cuchillos
a destajo el alma

El sabor instantáneo de ti

la luna abre su boca
temblorosa,
y mira a lo lejos el castigo, desde un poder inútil.

dos lágrimas pobres se desploman
de esos ojos que son tuyos,
sobre un mar que te habla con fijeza.

pareces rebuscar pañuelos de los bolsillos,
perdonarte dulcemente las heridas
que calcificas después en luz,
en luz austera.

esta noche,
en este mar buscarás la salud que no tuviste,
el sabor instantáneo e imperfecto
de algún beso
que tal vez pueda venir a verte

CAVERNAS DE PIEDAD

la música se astilla
en armonía de vegetales
negros,

como serpientes ruborizadas
cuando entero lluevo,
y sueño lentamente las palabras.

desciendo a pozos de música
endurecida,

precipicios del placer
donde vagas vírgenes se asoman
a las terrazas de sus ojos
puros y se acuestan con el mundo.

en el pronóstico de su magia
hermosa,
blancos muslos de coral,
encuentro la sabiduría de la existencia.

apuñalo su dulzura con pájaros negros,
por oscuras cavernas de piedad
que iluminan
las calaveras de los ríos.

pero otras veces me
crecen,
como una alegría tierna de manzana,
cielos que prendo
despacio a la orilla de la vida.

se me va el
aliento,
huye con todo lo demás

en hogueras donde ardo
de silencio,

y edifico un corazón abundante,
que se desnuda,
a fuego lento, invulnerable,

en el rápido exterminio de mis ojos

Minúscula

la gota cae, minúscula, sorda, diplomática,
oclusiva, cerrada.

como una crisálida plena, viva,
circular,
perfecta sobre el mar. dilatándose,
multiplicándose, serenándose, engrandeciéndose a cada paso,
siendo otra,

en una perfecta y secreta metáfora de permanencia

ALGUNOS ANIMALES DE INSÓLITA BELLEZA

se desnudan a oleadas
bravas muchachas sobre la arena.
las sopla desde lo alto
delicada, suavemente,
como maduradas cerillas al céfiro.

senos descerrajados en calma,
animales turbios de
insólita belleza
donde me descubro completamente desnudo.

un día tal cual otro,
completamente pájaro y enloquecido,
verdadero,
a ras del viento,
desnudo sobre la playa polvorienta

Palabras rompiéndose

dolor de
allende,
de mucho más allá,
el universo yace herido por las espadas
de la luz,

entre palabras rompiéndose, amargas,
a la orilla de la verdad

AZUL VIRGEN

dentro de tu azul,
mar,
solo encuentro silencio.

nieva en tus cimas de cristal,
nieve muda,
azul,
sobre las tejas de agua.

hay en ti un cielo herido como de muerte,
de muerte colorada,
azul,

que vacía las palabras
como si doblase espejos,

y en cada ola que se pronuncia y que pasa,
siempre vivo, tu lenguaje azul.

la luna es un pedestal en el aire.
jaula vacía
donde un pájaro extiende sus alas,

y en la noche de la noche,
en la noche pequeña
que brilla,
aúllan azules los enamorados.

con finos dedos como serpientes,
el mar teje su lana azul,
calor al que vienen los fantasmas
a mirarse
a la luz de las velas.

un dios ha venido esta noche
a mi barca,
me ha mirado como si fuese música,
como de un azul ardiendo

Pureza muerta

¡quién no pudiera hacerse vivir
a la sombra de una palabra abierta como un puño,
camisa blanca de pureza!

desovillar,
a la orilla incierta de la vida,
un horizonte particular y extraño

MEDIODÍA INFIEL

sé que bajo este mediodía infiel
el gato herido de tu
feminidad
reclama las flores que guardo
trizadas como edades.

camino con el paso firme
de tu eco,
diosa que caíste de las vidrieras del amor
al mar en tinieblas de mi
espejo vacío,

como ola de luz que cruza insolente,
invariable,
el rubor absoluto de mi memoria

VARIACIONES DE GAVIOTAS PASAJERAS

¡mar lento y trivial,
de anónimos cuchillos!

¡afilas la paz de tu cuerpo
al ritmo fiel de la nostalgia más breve,
de la luna más pura!

por las tierras altas del horizonte
levantas tu tienda azul,

reclamas la tierra
besas y te vas,
retórico y vivo, hacia otra orilla.

llegarán gaviotas
plenas de luz
a comerte el cuerpo de amarga hondura

MADERA VIEJA

vuelve el mar a la madera vieja,
viaja lentamente a la orilla antigua,
inundando solo de mar la costilla del paraíso,
cubriendo la carne del olor ácido, y del musgo celebrante,

y en la ola que se queda turbia,
blanca y apelmazada,
rota en espumas,
en un espejismo largo y débil sobre la arena,

cruje señalada en cronómetro
la eternidad que es eterna,
completamente nueva al ser liberada

CAPRICHO DE MUCHACHA DESNUDA

en el alba pura,
desgranada,
el mar es siempre un más allá,
cortina de agua y sal que descorre
una muchacha desnuda,

a un suspiro de la velocidad del viento

El ojo dueño

quiero ser una golondrina del tenebroso
cielo humano,
desaparecer en la libertad
sepulcral de un sueño,

ser una de esas flores
aerostáticas que crecen
entre zarzas
transfiguradas y delirios ardiendo.

quiero ser la eterna clausura
del viento,
la espalda encorvada del viento,
el cenobita silencioso
que guarda a Dios en una cáscara vacía.

una puerta que se abre entre universos,
sangre en la que se derrama
el ojo dueño,

el ojo que cruza
sereno y claro entre la bruma.

no quiero poseer la tierra.
ni su esfera metálica, o la fuerza del sino.
en todos y en nadie,
humildemente,
con los ojos siempre alzar el vuelo

La habitación a solas

mar que creces humildemente
sobre este mar absoluto,

huérfano en alguna clase de calendario
que dejaste, entre horas,
materia del desierto,

que dejaste
materia de algún pellizco de tierra,
materia del humo que es cierto,
materia del camino.

esperas, victorioso y determinado
en la estación de alguna plenitud
sin importancia.

empujas hacia ningún lugar,
sin término, las puertas
sin habitáculo,

la habitación sin entradas
de este mar que recomienza cada día

AGUA INTERIOR

océano de bestias, difícil,
menguado.
en mondalunas de papel te vuelves sagrado.

monedas al aire. hoy el agua rima casi
con un nombre muy antiguo.

en un cartón anoto palabras de amor
menguante,
perdido, cifras que son fechas.

en el mercado las aguas y la rima
son víveres.
presagian en su interior su misma infinitud,
ensimismada,

su camino recto, propio e infinitesimal
para caminar todavía,

para extasiarse en las huellas pasadas.
nunca fue para comprender el tal vez,

ni que, quizás,
detrás de su paso,
y detrás del siguiente, y del siguiente,

tal vez detrás del verdadero,
pueda encontrarse un camino auténtico.

su realidad limitada, su término transfronterizo,
ulterior

Promesa de mi bondad

mar prodigioso,
no escupas sobre mis párpados:
abren la luz

VIAJE A LA TIERRA

viajan los ojos siempre al silencio.

allí encuentran la voz,
el ruido ciego del mundo apagándose,

el sonido minúsculo de las cosas,
haciéndose cierto
como si apenas sonara,
saltando de la tierra y de la abundancia:

solo allí permanece la espada rota del ángel
que, en la piedad, deshace el mundo

EL FESTÍN DE LA LOCURA

más allá del festín de la locura,
de lo vivo y de lo real,
de lo que va más allá muriendo,

más allá de las gaviotas cansadas del azar
sobre el mar herido,

quedará el camino abierto hacia lo real,

la rosa palpitante y plena
en la voluntad de lo que no puede nombrarse

La mano inocente

yo te reclamo,
femenino mar de océanos,
pecho enervado,
mar mío,

pleno mar
inexistente,
determinado y fugitivo.

como caricia que huye
a contraviento te pronuncio,
pleno de palabras
que van secándose al decirse.

mar manso de luz dura
en los pozos ciegos de la tempestad,

salva a mi corazón inocente
de cada luz absurda,
a este poeta de tan pocos huesos
con los que ser levantado,

y dame en su delirio un alma inquieta de claridades.

nunca hundió la arena sus castillos
al viento,
sino a la fantasía negra
que demora
el agua,

al corazón fácil que traen las olas

Abecedario de muertes inútiles

hoy sueño que muero
en la cima de esta edad.
sencillamente,

sin dirección ni sonido,
que sigo muriendo de una multitud de muertes
que ya se fueron,
que ya huyeron conmigo antes.

siempre me salva la locura de la afirmación
de este siglo,
escucho un eco de caballos
alejándose
como una manada de domésticas serpientes.

sueño y no retorno a la vida
donde se reza a la muerte
en las frías estaciones del alba.

no retorno a la vida
ni muero,
quedo dormido en un sueño
probable, en una vida que fue seguramente antes

Señal de la luz

¡roca de mar menesteroso y labrador, ácido y puro,
roca salobre, enmascarada,
siempre pescadora,
que guardas a tientas la sal y tiras el pescado,
que estallas
pronta a los presagios,
pronósticos, ciertas presencias,

envarada entre precipicios y lamentos
que vas enmascarando!

¡roca deslenguada, lenta,
como roca viva chupada por la sal,
que se precipita!

huelga decirte, tirando de la cuerda nudosa,
de la piel ávida de la piedra,
de la señal que a la luz se vuelve
plena,

comentarte del amor que vive en cada gota
humilde del mar que te roza,
del agua que te da y que te hiere,
que te ensueña,
y darte una razón para el agua que te vive:

no es indiferente para mí el decirte,
piedra húmeda,
piedra gastada y viva,
que deseo que el cansancio
y la nostalgia decaigan con los años
y que vayan siendo quizás otra cosa.

espero que te vuelvas niño puro,
esperanza entera que pierde entonces su sentido
pues ya permanece contigo
y se vuelve completamente otra.

de esos niños que, sencillos,
por saber todavía,
todavía saben jugar a todo y de todas formas,

y que ya no rememoran,

siempre siervo, siempre tuyo,

yo

MECANISMO DE LOS ASTROS

allende los hierros del mar,
las sólidas voces
del mar,
engranaje de astros rotos,

calderas de vidrio apagándose
en la multitud de la noche,

letras que golpean con su puño negro
la espuma lenta.

en los duros espejismos del horizonte
sueñan marinos al viento
de las historias,
como cristal desmigado lentamente.

tormenta despaciosa donde arde el tiempo
y en los ojos pernocta la ley ciega
del *finis mundi*

SAL DE ALGUNOS DÍAS ANODINOS

mar analizado justamente,
sabiamente medido,

tu veredicto es la reverencia y el amor,
la mística de las gaviotas posadas en la luz.

jamás nadie se atrevió a anudarte
una patria al cuello

Rubor o extrañeza

el mar se astilla
plano y rectangular,
en cien mil cristales de oro.

luz pura
desollándose
entre las cuatro aristas de la flor,

bajo los tornasoles ciegos,
ensimismados del agua enfurecida.

grosero mar de luz, vives.
¿vives?

a lo lejos puede oírse
en tus oídos quebrados por algún rubor o extrañeza,

el olor a vidrios vaporosos,
soplados como un ronquido
señalando tu muerte
y también tu vida eterna,
ágil y ligera aún.

al otro lado, esta otra que sientes eterna
envuelta en una transparente caricia,

acurrucada entre cojines,
y entre hojas lanceoladas que parecen volar
al cruzar el aire, el rumor a ti

Poema lluvioso

contemplarán la divinidad las naciones en la lluvia
tras las gotas estrellándose.

el arcoíris recorrerá mil caminos,
incierto, permanente,
hasta llegar a ti,

instantáneo,
hecho de luz y de colores de papel.

el mar voceará sin límites
sus cristales mudos,
en los espejos contemplarás en verdad tu rostro
y estallarás en tus ojos,
(serás solamente tus ojos, que están mirando).

la palabra ya no será lengua muerta
ni sombra de unos ojos mudos.

la única justicia vendrá de la mano
nueva de la música,
su ley tocará una marcha larga,

anónima, propia y universal.

la poesía andará en los límites del cielo,
y de la mano del mismo amor
volará suavemente,

porque hasta en las dudas que se tienen
y en el pulcro error,

en este único instante
todo lo cierto
ha de alcanzar su verdadero cumplimiento

Nubes de barro

soy alfarero
de lo ligeramente humano,
veredicto del barro
entre la justicia de los dedos

EXAMEN LUNAR

¿grava el mar un epitafio
de rosas que languidecen,

algún monumento de espinas
donde nos fue posible olvidar,
afilada de placer,
la lenta cuchilla del frío?

abre la lápida
y examina el cadáver del hombre acobardado
que no desesperó
en ninguna flor de otros mundos.

comprueba el estuario de un sol
donde termina la música
ardiente y veloz,
que cubre al mundo de astros
vivos.

¿viste la luna a través de otros ojos,
ojos venenosos de pureza,
la pulpa sanguinolenta
de lo vivo
en la sien descarnada de un sabio?

¿alguna vez fuiste cuando amabas
loco o profeta?

dime..., ¿besaste alguna vez el cristal
transparente de tu reflejo?

si no creaste bellos monstruos de placer
o naufragaste en algún prodigio
mientras el cielo tristemente ardía,

si no cultivaste estrellas por los jardines de la nada,
es que jamás conociste el secreto
de ser un hombre

BIENAVENTURANZA

en un mar hospitalario y anciano
renacerán los inocentes
y los bienaventurados al azar de los hilos
a la tormenta absoluta de la esperanza

Epílogo I

confinado a mis ojos,
a su descubrimiento y multitud,
al final del viaje y del azar,
cruzará la noche entera
un ferrocarril de somnolienta
luz desnuda

Epílogo II

el horizonte hincha sus velas coloradas,
a barlovento tierra avizor.

hiere un ojo el centro del cielo
con una punzada de alba.

no he podido esta noche domesticar el mundo,
despoblar las palabras de su asfixia,
quemar las pieles secas de lo humano,
su isla angustiosa y letal.

en el recreo de mis pupilas tristes,
en sus cárceles tibias
y enamorándose,

abre el porvenir su exclusa,
su permanencia
en las aguas rojas de la amanecida

ÍNDICE

Las Olas